Atrapa la Unción

DAG HEWARD-MILLS

Parchment House

Atrapa la unción

Dag Heward-Mills

A menos que se indique lo contrario, las escrituras citadas fueron tomadas de la Biblia, versión Reina Valera 1960.

Pasaje de ***A Passion for the Gospel*** [Pasión por el Evangelio], por Colin Whittaker

Usado con el permiso de publicaciones Kingsway, Lathbridge Drove, Eastbourne. BN236NT

Pasaje de ***Understanding the Anointing*** [Entendiendo la unción], por Kenneth Hagin

Usado con el permiso de Publicaciones Faith Library, y Ministerios Kenneth Hagin Ministries, Inc.

Pasaje de ***All Things are Possible*** [Todas las cosas son posibles], por David Edwin Harell Junior *Usado con el permiso de Indiana University Press.*

Pasaje de ***The Release of Power*** [La liberación del poder], por el Obispo David A. Oyedepo *Usado con el permiso de Dominion Publishing House*

Pasaje de ***Tragedy Trauma Triumph- WHY?*** [Tragedia Trauma Triunfo- ¿Por qué?], de T.L. Osborn Usado con permiso de OSFO International

Originalmente publicado por Parchment House 2000

Título original en inglés: ***Catch the Anointing***

1ª Edición en español Parchment House 2009

Segunda Impresión 2015

Traducción al español: Graciela Femat López

Para mayor información sobre Dag Heward-Mills
Campaña de Jesús El Sanador
Escribe a: evangelista@daghewardmills.org
Sitio de web: www.daghewardmills.org.mx
Facebook: Obispo Dag Heward-Mills
Twitter: @DagHewardM

Dedicatoria

Al ***Obispo Nicholas Duncan Williams***.

Gracias por preparar el terreno para la iglesia en Ghana.

ISBN: 978-9988-8453-2-2

Índice

Capítulo 1

Debes estar ungido

Yo no tuve ningún entrenamiento formal en el ministerio; no fui a ningún instituto Bíblico, y tuve muy poco contacto con algún gran hombre de Dios. Cuando empecé en el ministerio, algunos de los hombres de Dios con los que estuve en contacto, terminaron dudando y luchando contra el llamado de Dios en mi vida. Por lo tanto, no tuve otra opción que explotar la unción que había en otros hombres de Dios que se encontraban más distantes, a través de sus cintas y libros.

Yo creo que estoy ungido con el Espíritu Santo para permanecer en mi oficio de ministro. Tengo mucha evidencia a mi alrededor que no me permite dudar de la realidad de la unción en mi vida. También creo que el desarrollo electrónico y tecnológico en el mundo es para el beneficio del Reino de Dios y del ministerio, ya que la tecnología ha hecho posible acercarnos a las personas que están ungidas.

Esta es la unción que necesitas

Cuando Dios te manda a un hombre de Dios, se te está dando una oportunidad de recibirlo y de atrapar la unción que hay en su vida. La unción es lo más importante que tú y yo necesitamos para realizar la obra de Dios. El profeta Zacarías sabía que la unción era lo más importante, y fue él quien dijo: «No con ejército, ni con fuerza, sino con mi Espíritu...» (Zacarías 4:6).

Eliseo también se dio cuenta de que lo que hacía que el ministerio de Elías fuera exitoso era la unción, así que cuando tuvo la oportunidad, pidió la unción. Algunas personas pudieron haber pedido el dinero, los estudios o la capacidad que tenía Elías. *¡Pero Eliseo solo quería la unción!*

Cuando habían pasado, Elías dijo a Eliseo: Pide lo que quieras que haga por ti, antes que yo sea quitado de ti. Y dijo Eliseo: Te ruego que una doble porción de tu espíritu sea sobre mí.

2 Reyes 2:9

En este libro quiero revelarte *un canal para la unción,* del cual no se habla mucho; puede sonar nuevo para ti, pero es muy real. Si hay alguna manera en la que puedas atrapar la unción, ¡por favor aprópiate de ella! No la estoy presentando como la única manera en la que Dios te puede ungir; solo estoy revelándote lo que recibí del Señor. Estoy revelándote lo que es sensato bíblica y escrituralmente.

Muchas personas han recibido la unción al escuchar grabaciones y leer libros, pero no entienden lo que les ha pasado. **Muchos de los que han recibido la unción por este medio no pueden enseñarlo porque no lo pueden entender completamente.** Yo creo que es mi deber enseñar este método, simple y real, de atrapar el ingrediente más esencial del ministerio: *la unción.*

Capítulo 2

La asociación con grandes hombres de Dios

En otro de mis libros[1] , he expresado la importancia de asociarse estrechamente con un hombre de Dios para recibir la unción de su vida. ¿Por qué te tienes que asociar con hombres de Dios ungidos? ¿Qué adquieres exactamente a través de esta relación? Cuando te relacionas estrechamente con un hombre de Dios, lo escuchas hablar una y otra vez, y estas palabras son las que contienen la unción. Cuando Eliseo se asoció estrechamente con Elías, lo escuchó hablar una y otra vez.

Y aconteció que YENDO ELLOS Y HABLANDO…

2 Reyes 2:11

¡Las palabras son poderosas!

Jesús les dijo a sus discípulos que Sus palabras contenían dos cosas importantes: ¡Contenían vida y Espíritu! ¿Qué es este Espíritu? ¡El Espíritu es la unción! Las Escrituras dicen que Dios ungió a Jesús de Nazaret con el Espíritu Santo y con poder (Hechos 10:38). Jesús fue ungido con el Espíritu Santo, por lo tanto, el Espíritu Santo (la esencia con la que fue ungido) es la unción.

Las palabras que yo os he hablado son espíritu y son vida.

Juan 6:63

Para muchas personas la relación estrecha con hombres de Dios, de la cual hablamos, no es posible, excepto a través de grabaciones y libros. Estos libros y grabaciones pueden contener las palabras de hombres de Dios ungidos, y las palabras de los hombres de Dios ungidos contienen Espíritu y vida.

---

[1] *Consulta La Mega Iglesia del Obispo Heward-Mills*

Sumergirte en libros escritos por hombres ungidos es una forma invaluable de relacionarte con ellos. El tiempo que pasas leyendo un libro es tiempo que pasas relacionándote con el autor del libro. ¡Qué gran privilegio es confraternizar con una gran persona durante tres horas, en la privacidad de tu hogar!

Mientras lees este libro, estás confraternizando conmigo, y yo estoy confraternizando contigo. Al escribir este libro, siento que estoy hablándole a ciertas personas. Estoy ministrando directamente a todas las personas que tengan el tiempo de recibir. Así como Eliseo escuchó las palabras de Elías, y los discípulos escucharon las palabras de Jesús, ¡tú estás escuchando mis palabras cuando lees este libro! Los discípulos escucharon las palabras de Jesús, y fue así como fueron ungidos.

Hoy en día tú puedes estar con Jesús al leer Sus palabras en la Biblia. Constantemente me impresiona el número de ministros que no leen la Biblia, ya que solo la usan como una herramienta para predicar. La Palabra de Dios es, primero que nada, para tu beneficio.

Tú no serás un ministro con esencia si no tienes tu propia interacción con el Señor. No me refiero a una revisión de última hora de cierta Escritura antes de predicar. Una revisión rápida de una Escritura es diferente a confraternizar con alguien a través de la Palabra escrita.

En cuanto a ti, confraterniza con Jesús cada día. Dios quiere interactuar contigo; quiere confraternizar contigo. El deseo de Dios, desde los días de Adán, ha sido confraternizar con el hombre.

Cuando Moisés bajó del monte, después de haber confraternizado con el Señor, la gloria del Señor estaba sobre él. De la misma manera, la gloria del Señor estará sobre ti cuando confraternices con Dios.

Cuando tuve conciencia de este mundo, me encontré en Ghana, en África occidental, y me di cuenta de que estaba muy lejos de los grandes hombres de Dios que estaban en Estados Unidos. Yo quería desesperadamente confraternizar con ellos, pero no había ninguna forma posible, ya que ni siquiera tenía una visa para Estados Unidos, ni dinero para comprar un boleto de avión. ¡Aunque hubiera podido llegar allá, muchos me hubieran visto como un loco de raza negra que intentaba acercarse demasiado! Hubieran llamado a sus guardias de seguridad para que los protegieran de mí. Por lo tanto, Dios me enseñó una manera de poder confraternizar con algunas de las personas más ungidas de esta generación: ¡sus libros y grabaciones!

He confraternizado con muchas personas a través de sus libros, y he llegado a conocer sus mentes a través de ellos. De la misma manera, he confraternizado con el Señor Jesús al leer la Biblia y al estudiar Sus palabras y acciones.

Una de mis partes favoritas de la Biblia son los evangelios. En los evangelios (Mateo, Marcos, Lucas y Juan) puedo ver lo que Jesús dijo, y puedo escucharlo cuando me habla personalmente.

La unción hace que la gente te preste atención.

Y les reconocían que habían estado con Jesús.

Hechos 4:13

Dos tipos de receptores

Hay dos tipos de personas que pueden recibir la unción: aquellos que están cerca físicamente y aquellos que están lejos. Como puedes darte cuenta, algunas personas tienen la oportunidad de estar físicamente cerca de las vasijas ungidas. Por ejemplo, los apóstoles Pedro, Santiago y Juan estuvieron físicamente cerca del Señor; lo tocaron, lo palparon y hasta cenaron con Él. Este es su testimonio:

Lo que era desde el principio, lo que hemos OÍDO, lo que hemos VISTO con nuestros ojos, lo que hemos contemplado, y PALPARON nuestras manos…

1 Juan 1:1

Desgraciadamente, el apóstol Pablo no tuvo la oportunidad de interactuar físicamente con Cristo como lo hicieron los otros apóstoles. Pablo simplemente era como yo, ¡tenía que depender de los libros! Él amaba sus libros, y por eso envió urgentemente por sus libros y pergaminos (cuadernillos). A través de la Palabra escrita, tenía que estudiar y confraternizar con el Señor y con otros grandes hombres de Dios como Isaías.

> **Trae, cuando vengas, el capote que dejé en Troas en casa de Carpo, Y LOS LIBROS, MAYORMENTE LOS PERGAMINOS.**
>
> **2 Timoteo 4:13**

Si Pablo hubiera vivido en nuestra generación, hubiera utilizado toda la tecnología disponible para recibir aún más de la Palabra y de la unción. Pablo hubiera escuchado grabaciones y hubiera visto videos.

Los libros contienen la Palabra escrita, pero las grabaciones contienen la Palabra hablada. Tú puedes atrapar la unción de la Palabra hablada.

Capítulo 3

El arte de sumergirse en grabaciones

Sumergirse en los mensajes de las grabaciones es una práctica bíblica. ¡«Sumergirse» en las grabaciones simplemente significa escuchar las palabras una y otra vez hasta que se convierten en parte de ti, y hasta que la unción pasa a ti! Cuando estás completamente sumergido en una grabación, tanto la Palabra como el Espíritu que esta contiene, se imbuyen en tu espíritu. **La unción no es algo que aprendes, es algo que atrapas.**

No asumas que «sumergirte» en una grabación es solo un ejercicio educativo. Es un acontecimiento espiritual. Hay dos cosas importantes que ocurren cuando te sumerges en una grabación: La primera es que la fe es por el oír, y el oír, por la Palabra de Dios (Romanos 10:17). Y la segunda es que la unción del Espíritu llega a ti a través de las palabras.

El Espíritu entra a una persona a medida que recibe la Palabra de Dios. Por eso, muchas personas experimentan una transformación radical con solo escuchar un mensaje poderoso de la Palabra de Dios. Así es como la gente es salva, cuando escucha la predicación de la Palabra de Dios. El Espíritu Santo entra en ellos conforme la predicación avanza, y ellos nacen de nuevo.

La Biblia dice que nacemos del Espíritu.

Lo que es nacido de la carne, carne es; y lo que es nacido del Espíritu, espíritu es.

Juan 3:6

Nacer de nuevo no es una experiencia educativa, ni significa que aprendiste algo nuevo. Significa que hubo un cambio espiritual, y que tu espíritu ha sido recreado por el Espíritu Santo. Esta experiencia de nacer de nuevo cambia completamente y para siempre la vida de una persona. Esto ocurre cuando las personas escuchan la predicación de la Palabra de Dios. Por eso invitamos a la gente a la iglesia, porque queremos que estén expuestos a la predicación.

De la misma manera en la que cuando eres nacido de nuevo, experimentas una transformación espiritual, también puedes experimentar una transformación espiritual adicional que te convertirá en ministro. Esta transformación espiritual que te convierte en ministro es lo que algunos llaman «*recibir unción*» o «*ser ungido*». Hay demasiadas personas llamadas ministros, sin embargo, ni han recibido un llamado para el ministerio, ni la unción para ministrar.

Cuando no has sido ungido, te encuentras árido y sin vida. Yo solía ir a la iglesia todos los domingos, ¡y lo odiaba! Era una experiencia aburrida y sin vida. Solo iba porque mis padres me lo habían pedido. Desgraciadamente, hay algunos supuestos ministros, que no solamente no están ungidos, sino que tampoco han nacido de nuevo. ¡Esto es aún peor! No te conviertes en ministro obteniendo un certificado. **¡Te conviertes en ministro cuando Dios te llama y te unge!**

Las iglesias no crecen porque no hay unción para su crecimiento. Los pastores de todos lados deben desear la unción. ¡Es la unción lo que determina el crecimiento! Una vez que conoces la unción, no quieres nada más. No vas a tener éxito en el ministerio por el hecho de ser astuto. ¡La inteligencia y la educación no son substitutos de la unción! ¡Desea la unción! ¡Consíguela! ¡Es lo más importante! ¡Y lo más importante sigue siendo lo más importante!

El primer sermón de Jesús

El primer sermón que Jesús predicó fue acerca de la unción. Lo primero que dijo cuando empezó su ministerio fue que Él estaba ungido.

El Espíritu del Señor está sobre mí, por cuanto me ha ungido para dar buenas nuevas a los pobres...

Lucas 4:18

De hecho, Jesús no intentó ningún tipo de ministerio hasta que estuvo ungido, ya que Él sabía que el ministerio dependía de la unción.

Ancianos de la iglesia

Recientemente visité una iglesia grande y bonita. El pastor no estaba por ahí, así que el conserje nos llevo a ver el edificio. El salón principal tenía cientos de hermosos bancos de caoba. Era un edificio hermoso con dos enormes órganos de tubos, y tenía balcones alrededor.

— ¿Para cuántas personas tiene capacidad este edificio? —le pregunté al conserje.

—Este edificio tiene capacidad para al menos ochocientas ochenta personas. —respondió.

—¡Wow! —comenté—. ¡Eso es mucha gente!

—Pero ya no tenemos muchas personas en la iglesia —respondió.

—Ya veo. ¿Cuántas personas vienen a la iglesia hoy en día? —le pregunté con curiosidad.

—De veinte a treinta personas máximo. — añadió. Actualmente solo asiste a la iglesia gente de edad avanzada. Los jóvenes ya no vienen a la iglesia.

Entonces yo pensé: «Qué triste: Una iglesia tan grande ha sido reducida a una confraternidad de veinte personas acabadas y viejas». Obviamente no había vida. Pero eso no era todo. El conserje añadió: «A partir de este mes, los servicios se llevan a cabo cada dos semanas en lugar de cada semana». Yo pensé: «Nosotros tenemos servicios en la iglesia casi todos los días de la semana. Hay mucha vida en nuestra iglesia, y está llena principalmente de gente joven que quiere servir al Señor. ¡Qué contraste!».

La diferencia entre una iglesia que crece y una muerta es la unción. La unción es la vida de Dios en el ministerio. ¡Ah cuánto necesitamos la unción! No podemos reemplazar al Espíritu Santo.

Así que, ¿cómo alcanzar al Espíritu? De eso se trata este libro. Dios está tratando de enseñarte que necesitas la unción. Tal vez estés ministrando la Palabra de Dios. Quizá hasta hayas sido ordenado sacerdote. Sin embargo, solo cuando estés ungido tu ministerio empezará a ser determinante en las multitudes de la humanidad perdida. ¡En este momento veo la unción en ti conforme lees este libro!

El profeta Ezequiel un día experimentó que la unción entró a su vida. Describió exactamente cómo y cuándo la unción vino a él. Ezequiel sintió que el poder y la unción del Espíritu habían entrado en él conforme escuchaba la Palabra.

Y luego que me habló, entró el Espíritu en mí...

Ezequiel 2:2

Ezequiel dijo muy claramente en esta Escritura que el Espíritu Santo entró en él cuando le estaban hablando.

Pedro, el apóstol, también se dio cuenta de este fenómeno. Se dio cuenta de que el poder del Espíritu Santo caía en la gente cuando él predicaba. ¿Recuerdas cuando Pedro les estaba predicando a los gentiles? La Biblia dice que cuando él estaba predicando la Palabra, el Espíritu de Dios cayó sobre las personas.

Mientras aún hablaba Pedro estas palabras, el Espíritu Santo cayó sobre todos los que oían el discurso.

Hechos 10:44

Si el don del Espíritu Santo pudo caer sobre la gente mientras Pedro estaba predicando, entonces seguramente el don del Espíritu Santo puede caer sobre ti cuando cualquier otro hombre de Dios ungido esté predicando. Esto es lógica simple.

Cómo empezó todo...

A las cinco en punto de la mañana del 1° de enero de 1987, decidí obedecer el llamado de Dios en mi vida. Fue en las primeras horas del primer día de ese año nuevo cuando decidí tomar el manto y convertirme en pastor. Yo sabía que había sido llamado, así que había decidido obedecer y convertirme en pastor.

En ese tiempo, yo estaba en el cuarto año de la escuela de medicina. Empecé la iglesia con unos cuantos estudiantes de enfermería y del laboratorio del hospital clínico Korle-Bu, en donde estaba estudiando medicina. No tenía a nadie que me dirigiera o que me guiara, así que tuve bastantes luchas durante ese primer año.

Para finales de 1987, muchos de mis amigos habían expresado su falta de confianza en mí, y me habían abandonado. Fui criticado hasta el punto de querer suicidarme, solo para hacer felices a mis enemigos. Recuerdo haber estado viendo el ventilador del techo cuando giraba arriba de mi cama. A menudo pensaba en colgarme de él. Quería desaparecer de la vista de todos aquellos que me odiaban y me criticaban. Yo tenía muy poca guía, pero era sincero y tenía mucha fe... y muchos enemigos. Es asombroso cómo te odia la gente cuando decides seguir el llamado de Dios.

Este fue el precario y dudoso comienzo de mi ministerio. Empecé por fe, comencé a enseñar y a predicar lo que yo sabía, y unos pocos estudiantes de enfermería respondieron.

Al principio, la iglesia se reunía en un pequeño salón de clases de la Escuela de Higiene. Después de un tiempo, muchas personas se fueron, y algunos se quedaron. La pequeña iglesia se estabilizó con aproximadamente cuarenta miembros. Pero algo me sucedió en 1988 que fue bastante determinante en mi ministerio. Esto transformó el ministerio, de un pequeño salón de clases lleno de estudiantes de enfermería, a un ministerio que está impactando a miles de personas alrededor del mundo en la actualidad.

Capítulo 4

Mi testimonio

Durante un tiempo, a mediados de 1988, tuve que cumplir con lo que se llama «Rotación de Salud Comunitaria». Cada una de las clases de la escuela de medicina está dividida en grupos, y cada grupo hace rotación en diferentes campos de la medicina durante todo el año. Por eso se le llama rotación. Yo tuve que completar cuatro rotaciones en mi último año: cirugía, medicina, especialidades y salud comunitaria.

Durante la Rotación de Salud Comunitaria, tuve que viajar fuera de la ciudad de Accra, a una ciudad más pequeña llamada Suhum, que está en otra región del país. Mientras estuve ahí, viví en el Hospital del Gobierno de Suhum por un mes. Estuve ahí para obtener experiencia práctica en la administración de hospitales y en el desempeño en el campo, en donde las condiciones son diferentes a las de las grandes ciudades.

Aunque estaba cumpliendo con los requisitos médicos, como de costumbre mi mente estaba en el ministerio. Para la segunda semana, aproveché un horario más relajado, y decidí orar y ayunar. En el camino de Accra a Suhum, había pasado por una librería cristiana y había comprado algunas cintas de Kenneth Hagin. Sentía que simplemente necesitaba algo en qué sumergirme mientras estaba en Suhum. Yo había sido un gran seguidor y admirador del ministerio de Kenneth Hagin, y en realidad ya antes había escuchado muchas veces esas cintas en particular, pero solo quería tener algo que escuchar. Nadie me había dicho nunca que escuchara cintas, yo simplemente disfrutaba hacerlo. Amaba la Palabra y amaba el ministerio de la Palabra. Nadie me había dicho nunca que escuchara cintas una y otra vez. Yo no estaba tratando de memorizar el mensaje, aunque terminaba recordando casi cada enunciado. Escuchar cintas nunca reemplazó mi estudio bíblico ni mis tiempos de quietud personal. ¡No estaba perdiendo mi personalidad! ¡No me estaba convirtiendo en un clon! ¡Estaba siendo bendecido tremendamente!

Una noche estuve orando, ayunando y escuchando una de las cintas que había comprado. Recuerdo ese día como si fuera ayer. Estaba utilizando una grabadora roja, marca Sony, que se auto-regresaba. El mensaje que estaba oyendo tenía que ver con demonios. Era un mensaje que yo había disfrutado escuchar muchas veces. La cinta siguió oyéndose toda la noche sin parar.

¡Algo ocurrió!

Alrededor de las 3 a.m., yo estaba hincado a un lado de mi cama orando, y podía ver la grabadora que estaba al otro lado del cuarto. Después, repentinamente, algo literalmente saltó de la cinta que estaba escuchando, se trasladó a mi estómago, y pude sentir que entró en mí. Entonces escuché una voz que decía: «Desde ahora puedes enseñar». Yo no sabía qué era eso, pero pensé dentro de mí: «Eso es bueno, porque yo quiero enseñar». En ese momento, **no sabía que al *sumergirme en las grabaciones,* había recibido una impartición notable de unción.**

En ese tiempo, mi iglesia constaba de cuarenta estudiantes. La Biblia enseña que debemos probar todas las cosas, así que decidí intentar este nuevo don. Me invitaron a dar una enseñanza durante un desayuno de los Hombres de Negocios del Evangelio Completo en Suhum. Esta fue mi primera ministración después de mi experiencia de impartición. Déjame decirte que noté una diferencia. Después de la ministración, alguien me preguntó en dónde estaba mi iglesia. Esta persona estaba sorprendida porque yo era un ministro desconocido. Dentro de mí supe que algo había pasado y que era algo determinante.

Cuando regresé a la iglesia, después de un mes de ausencia, noté una diferencia en mi habilidad de enseñar y predicar. La unción había llegado, y yo comencé a fortalecerme. Las primeras series que prediqué fueron sobre el hijo pródigo. Prediqué estas series durante nuestros servicios entre semana, y muy pronto me percaté de que la asistencia y el interés en el servicio empezaron a aumentar constantemente. Te lo digo, noté que había algo de vida y Espíritu en el ministerio.

Es difícil describir la unción, pero cuando está ahí, ¡sabes que está ahí! La unción es un poco como la belleza: cuando la ves, ¡lo sabes! No puedes explicar fácilmente cómo o por qué reconoces la belleza, pero cuando ves la belleza, sabes que está ahí. ¡Lo mismo sucede con la unción!

No puedo dar ninguna explicación de lo que estoy refiriendo, excepto que es para ayudarte. Mi ministerio ha crecido a pasos agigantados debido a la unción que atrapé al sumergirme en la Palabra de Dios en una cinta. Hoy estás leyendo uno de los varios libros que he escrito bajo la misma unción de enseñanza.

En ese tiempo, yo no tenía ninguna base bíblica de lo que había experimentado, así que no hablé sobre eso. Más adelante, a medida que estudiaba la Palabra de Dios, me di cuenta de que el misterio de la impartición de la unción por sumergirse en la Palabra es una realidad. ¡Es bíblico! ¡Es doctrinalmente sensato, y es una experiencia real!

¡Cualquiera que se aventure a «sumergirse» en la Palabra a través de libros y grabaciones, se está aventurando a tener más unción! Cuando haces eso, solo cosas buenas te van a ocurrir.

En diferentes ocasiones he escuchado a algunas personas describir cómo recibieron la unción cuando estaban sentadas en la congregación y recibían el ministerio de la Palabra. Un pastor describió que sintió gotas calientes de unción que caían en su cabeza cuando yo hablaba la Palabra en una reunión durante un campamento. Estoy convencido de que Dios estaba ungiendo a este hombre.

T.L. Osborn, el gran evangelista, describió cómo Dios cambió su ministerio cuando formaba parte del ministerio de William Branham. Todo sucedió en un momento, y entonces fue ungido para salir y ser un gran testigo para el mundo. Es interesante que los que vienen de afuera a veces son mejores receptores que los que están dentro. ¿Recuerdas la historia del centurión que tenía a un siervo enfermo? Envió por Jesús, porque sabía que Jesús tenía la unción y el poder para sanar.

Y el siervo de un centurión, a quien éste quería mucho, estaba enfermo y a punto de morir. Cuando el centurión oyó hablar de Jesús, le envió unos ancianos de los judíos, rogándole que viniese y sanase a su siervo. Y ellos vinieron a Jesús y le rogaron con solicitud, diciéndole: Es digno de que le concedas esto; porque ama a nuestra nación, y nos edificó una sinagoga. Y Jesús fue con ellos. Pero cuando ya no estaban lejos de la casa, el centurión envió a él unos amigos, diciéndole: Señor, no te molestes, pues no soy digno de que entres bajo mi techo; por lo que ni aun me tuve por digno de venir a ti; pero di la palabra, y mi siervo será sano.

Lucas 7:2-7

Este hombre se dio cuenta de que había unción en las palabras de Jesús, así que le envió otro mensaje. Le dijo: «No te molestes en venir hasta aquí». «Solo quédate ahí y di algo». En otras palabras: «No hay necesidad de que siquiera impongas manos, o derrames aceite en mi siervo, solo di algunas palabras, y la unción sanadora fluirá ».

Envió su palabra, y los sanó, Y los libró de su ruina.

Salmo 107:20

El ángel apareció

Una noche, mientras yo ministraba en una Convención de Ola de Milagros, sucedió algo asombroso. Aquella noche había miles de personas presentes, y el poder de Dios estaba «fluyendo». Recuerdo que esa noche cuando terminé de predicar la Palabra, sentí que Dios ya había empezado a moverse. Ni siquiera fue necesario hacer algo adicional.

Había ahí una señora que estaba en el balcón sentada con su bebé y su esposo. Esta señora repentinamente tuvo una visión. Sus ojos se abrieron sobrenaturalmente, y ella me podía ver a mí y a todos los demás en el escenario, pero también vio a un ángel enorme parado a mi lado izquierdo, y suspendido en el aire. Ella dijo: «Cuando predicabas, decías cosas como: «Veo bendición en ti. ¡Veo a Dios respondiendo tus oraciones! ¡Te veo sano en el nombre de Jesús! ¡Te veo con un auto!». Asimismo, dijo que el ángel repartía bendiciones conforme yo hablaba, y que unos ángeles más pequeños las llevaban a las personas. También dijo que algunos habían extendido sus manos, y que eran muy receptivos. Entonces los ángeles iban directamente a ellos con las bendiciones. Sin embargo, mientras que unos recibían, otros se estaban quedando dormidos, perdiéndose de la impartición espiritual que se estaba llevando a cabo.

Creo que este ángel va conmigo adonde quiera que yo ministro; sé que este «gran tipo» me ha sido asignado. Él es mi ángel ministrador. Las cosas espirituales son tan reales como las cosas físicas. La Biblia nos enseña que los ángeles son espíritus ministradores que nos dan servicio. Ellos trabajan para nosotros y nos ayudan. Por esta razón, el ángel estaba distribuyendo paquetes espirituales a aquellos que estaban recibiendo la Palabra.

> **¿No son todos espíritus ministradores, enviados para servicio a favor de los que serán herederos de la salvación?**
>
> **Hebreos 1:14**

Capítulo 5

Atrapa la Unción

Cualquiera que escuche grabaciones y lea libros recibirá unción en mayor o menor magnitud. Algunas personas no se impresionan o no se conmueven por el mensaje, algunas otras hasta se escandalizan de él. Pero como dijo Jesús: «Bienaventurado es el que no se escandaliza de mí»[2] Algunas personas se emocionan con el mensaje, mientras que otras no pueden recordar nada; solo saben que fue un buen mensaje.

Cuando escuchas una grabación, aprendes el mensaje, aprendes la Palabra, y adquieres el conocimiento que esta contiene. Algunas personas se detienen en este punto, pero otras van aún más lejos. Yo fui más lejos sin siquiera saber lo que estaba haciendo. Por alguna razón, lo que yo buscaba no era el conocimiento que el mensaje contenía. Si fuera el conocimiento, prácticamente ya había asimilado toda la información que se estaba compartiendo, después de escuchar la cinta algunas veces. Sin embargo, mi amor por la Palabra me hizo estar expuesto a la unción sin siquiera saberlo.

Recuerdo haber sido bendecido con el mensaje de un pastor de una iglesia enorme de Los Ángeles, California. Yo tenía unos cuantos videos de él, los cuales disfruté completamente, y los veía una y otra vez. Cuando veía a este pastor predicar en su iglesia, deseaba tener una iglesia como esa y predicar tan bien como él lo hacía. Un día, yo estaba predicando en mi iglesia, caminando de arriba abajo en el pasillo, cuando el Espíritu de Dios me dijo: «¡Ya lo tienes!».

De repente me di cuenta de que estaba caminando en los pasos del pastor que había visto y escuchado por años. Yo estaba enseñando y predicando como él lo hacía. Estaba pastoreando una iglesia que era tan grande como la que había visto en el video. Como puedes ver, cuando la unción está sobre ti, harás ciertas cosas específicas en tu ministerio.

¿Quieres tener una iglesia grande? Atrapa la unción que esté en alguien que tenga una iglesia grande. ¿Quieres ser evangelista? Mira a tu alrededor, ve a quién está usando Dios, y sigue a esa persona. Escucha sus grabaciones y lee sus libros. La unción caerá en ti algún día.

La especificación de la unción

La unción es como tu pistola. Esta hace ciertas cosas específicas. Solo tienes que usarla y dirigirla a donde tú quieras. Toda unción tiene una forma de trabajar por sí misma, con el fin de lograr resultados específicos. La unción que estaba en Elías lo hizo hacer ciertas cosas.

¿Quieres ser maestro de la Palabra? Entonces sigue a alguien que tenga la unción de la enseñanza. La unción es muy específica. La unción de la sanidad es muy diferente a la unción de la enseñanza, la cual también es diferente a la unción del pastoreo.

Milagrosamente, Elías provocó tres años de sequía, multiplicó la comida y el aceite de una viuda, causó la resurrección de un joven, e hizo bajar fuego del cielo. Eliseo hizo cosas similares: también causó años de sequía, realizó sanidades, y multiplicó el aceite de una viuda. Es interesante notar que Eliseo hizo exactamente el doble de los milagros que Elías hizo. ¡Elías hizo dieciséis milagros, y Eliseo hizo treinta y dos milagros! Eliseo tuvo una doble porción de la unción de Elías.

La unción es una sustancia muy específica que te hace conseguir ciertas cosas. **Puedes desear la unción específica de algún ministro.** Dios pudo haber puesto esto en tu corazón para conseguir ciertas cosas en el ministerio. Por ejemplo, Eliseo echó mano de la unción de Elías sin darle explicaciones a nadie.

Si atrapas la unción que está en ciertas personas, harás cosas similares porque es la misma unción.

Juan el Bautista también fue portador de la unción de Elías. Hubo muchas similitudes entre el ministerio de Juan el Bautista y el ministerio de Elías. Ambos tuvieron ministerios dramáticos, y ambos confrontaron reyes. Estos dos hombres conocían bien el desierto y la soledad, también usaron el mismo tipo de vestimenta, y vivieron con sencillez. Finalmente, el ministerio de ambos terminó a causa de unas reinas.

Beneficios de las grabaciones

Para poder obtener el máximo beneficio de una grabación, debes escucharla con la visión de que con el tiempo recibas una impartición de la unción. Escucha la misma grabación varias veces. En mi experiencia, esto es diferente a escuchar muchas grabaciones diferentes del mismo ministro. Cuando quieras llegar al nivel F, como se describe en el siguiente capítulo, quédate con las grabaciones que disfrutes. Escucha las grabaciones inconscientemente, y escúchalas mientras oras y ayunas. Permítete recibir el don que Dios te esté ministrando. Debes estar abierto al hombre de Dios que esté ministrando. Debes recibirlo con admiración y con amor, de otra manera, no recibirás nada de él o a través de él.

Mas a todos los que le recibieron, a los que creen en su nombre, les dio potestad de ser hechos hijos de Dios...

Juan 1:12

---

[2] N. de la T.: Mateo 11:6. La Biblia de las Américas (LBLA).

Capítulo 6

El arte de predicar y la unción

Puedes aprender a predicar y a enseñar al escuchar grabaciones. Yo no he estado en ningún Instituto Bíblico, ni he tenido el privilegio de que me enseñen a dar un sermón. Sin embargo, hay muchas maneras de aprender lo mismo.

Cuando estuve ejerciendo la medicina, aprendí una pequeña frase del departamento de cirugía. La frase es: «Observa una, ayuda en una y haz una». ¿Qué significa esto? Significa que si quieres aprender a llevar a cabo una cirugía, tienes que observar una operación, ayudar en una, y después realmente intentar una tú mismo.

Cualquiera puede aprender a predicar al escuchar predicaciones. De hecho, lo mejor que puedes hacer es escuchar a otros ministros todo el tiempo. El profeta Daniel estudió lo que el profeta Jeremías había enseñado. El profeta Jeremías ministró de 685-616 a. C., y el profeta Daniel asumió el cargo de 616-536 a. C. Daniel dijo muy claramente que él sabía lo que sabía por estudiar los libros escritos por Jeremías. Entonces, ¿tú por qué tienes miedo de aprender de alguien más? Incluso un gran hombre como Daniel fue bendecido por otro profeta: Jeremías.

En el año primero de su reinado, yo Daniel miré atentamente en los libros el número de los años de que habló Jehová al profeta Jeremías, que habían de cumplirse las desolaciones de Jerusalén en setenta años.

Daniel 9:2

Abre tu corazón y conviértete en aprendiz y en receptor. Después de todo, todos aprendemos de algún lado. **¡La gente insegura es la que teme mostrar que lo que sabe, lo aprendió de algún lugar!** ¡Hazte tan receptivo de manera que recibas el conocimiento de la Palabra! ¡Abre tu espíritu a fin de que aprendas a predicar por tu cuenta! ¡Abre tu corazón para que recibas la unción!

Niveles de receptividad

¡Quiero que te fijes en estos niveles de receptividad que he enumerado abajo, y que te preguntes a ti mismo en cuál encajas!

Nivel A: La Palabra no tiene impacto. No entiendes el mensaje, y probablemente ni siquiera te gustó el mensaje.

Nivel B: La Palabra tiene un impacto en ti. Estás emocionado y piensas que fue un buen mensaje. Sin embargo, solo retienes el once por cierto de lo que se predicó. Esto ocurre usualmente cuando una persona escucha una grabación solamente una vez.

Nivel C: Absorbes la Palabra aún mucho más, pero no puedes reproducir el mensaje.

Nivel D: Absorbes la Palabra tanto, que puedes reproducir el mensaje.

Nivel E: Empiezas a aprender a predicar y a enseñar en la misma forma ungida.

Nivel F: Absorbes la Palabra y al mismo tiempo empiezas a absorber la unción y el espíritu del mensaje.

Nivel G: En este nivel, la transferencia del don de todo un ministerio toma lugar. A menudo se te transfiere la unción que está en el orador. Así como con Juan el Bautista y Elías, emergen similitudes entre tu ministerio y el del orador, porque la misma unción ha sido transferida.

Observa estas señales

Estas son señales de que estás en vías de atrapar la unción:

1. Eres capaz de seguir la tendencia del mensaje; aun cuando sea confuso y desordenado.

2. Recibes lecciones adicionales que no son parte del mensaje principal. Esta es una señal importante si estás atrapando

la unción del ministro. Empiezas a entender la mente y el corazón de la persona que estás escuchando. La mayoría de estas lecciones adicionales que recibes pueden no estar relacionadas con el tema que se está enseñando. Empiezas a aprender muchas cosas pequeñas que pueden incluir: un carácter basado en principios, cómo hablar, cómo analizar las Escrituras, y cómo superar problemas.

3. Inconscientemente empiezas a usar ciertas frases y puntos de estos mensajes. Sin saberlo, empiezas a caminar y a pensar como la persona a la que estás escuchando.

4. Eres capaz de ministrar el mensaje con los mismos resultados. Por ejemplo, crecimiento de iglesia, milagros, personas que comentan que fueron bendecidas, personas que compran tus mensajes grabados, y personas que quieren escuchar la parte dos y la parte tres de tu mensaje. Esto es diferente a una imitación seca, que es cuando te conviertes en una réplica exacta de lo que escuchas, pero no obtienes los mismos resultados.

Evita estos errores

No te estoy enseñando a no estudiar la Biblia por tu cuenta, ni te estoy enseñando a abandonar tu estudio bíblico personal. ¡Eso es un gran error! Soy un ávido oyente de mensajes grabados, pero estudio la Palabra de Dios todos los días. Tengo un tiempo personal de quietud todos los días. **Muchos de mis mensajes se componen de lo que he aprendido en mi estudio bíblico diario.**

§ Evita el error de no leer la Biblia, y de no hacer un estudio bíblico por tu cuenta.

§ Evita el error de pensar que es un hombre el que te va a ungir. Es Dios quien te unge a través de un hombre.

§ Evita el error de escuchar grabaciones solo cuando vas a predicar. Escucha grabaciones todo el tiempo, ya sea que vayas a predicar o no. Yo escucho grabaciones todo el tiempo.

§ Evita el error de no hacer estudios adicionales de los temas o grabaciones que escuchas.

§ Evita el error de predicar acerca de cosas que no practicas. No prediques sobre cosas que no entiendes o que no crees (Esdras 7:10).

§ Evita el error de simplemente imitar o copiar a alguien sin entender todo el misterio de atrapar la unción a través de sumergirse en la Palabra.

§ Evita el error de omitir la dimensión del video. La dimensión del video te ayuda a atrapar cosas que no puedes atrapar en una cinta de audio: postura, atuendo y ademanes. Sumergirte en videos te ayuda a aprender a ministrar el Espíritu, y a ministrar con señales y maravillas.

Ignora a los ignorantes

Escuchar una cinta una y otra vez no significa que estés involucrándote en una memorización mecánica. Algunos le llaman a esto «repetir como perico». Yo solo me río dentro de mi cuando escucho tales comentarios.

El tiempo más difícil que tuve en la escuela de medicina fue durante mi segundo año. En ese año tuvimos que estudiar fisiología, anatomía y bioquímica. De estas tres materias, bioquímica fue la más difícil para mí, porque involucraba mucha memorización tediosa.

No te estoy enseñando que te conviertas en un copión. Te estoy enseñando a atrapar la unción, y te estoy enseñando a caminar en los pasos de las personas ungidas. Cuando una joven está aprendiendo a cocinar, se le enseña a seguir una simple rutina. Conforme lo hace una y otra vez, es capaz de cocinar tan bien como su mamá. Con el tiempo, la hija desarrollará sus propias variaciones y estilo. ¿Dirías que es una copiona? ¿Dirías que está llevando a cabo una memorización mecánica? ¡Por supuesto que no! Ella es un aprendiz humilde.

¿Qué es un clon?

Querido amigo, el diablo quiere mantenerte lejos de la unción. He escuchado a gente hablar sarcásticamente acerca de este método para atrapar la unción. Alguien una vez dijo que yo estaba fabricando clones. ¿Qué es un clon? ¿Por qué algunas personas tratan de confundir a las ovejas de Dios con frases que suenan ingeniosas? ¡Para ser muy honesto, preferiría escuchar a mis perros ladrar en la mañana que escuchar tales historias!

Cuando un doctor está aprendiendo a ser cirujano, tiene que observar atentamente lo que hace su profesor. Después tiene que asistir a su profesor muchas veces, y muy pronto obtiene la oportunidad de él mismo llevar a cabo el procedimiento; entonces sigue cuidadosamente el procedimiento que vio que su profesor hacía. Posiblemente tenga algunos errores, pero pronto podrá llevar a cabo la operación perfectamente. Si observas cuidadosamente a este nuevo cirujano, te darás cuenta de que está haciendo exactamente lo que su profesor hace. Con el tiempo, desarrolla sus propios complementos o mejorías de lo que ha aprendido. ¿El profesor ha fabricado un clon? ¡Por supuesto que no! Ha entrenado a otro cirujano competente.

Cuando Pablo estaba entrenando a Timoteo para el ministerio, le escribió y le dijo: «Mi hijo, predica las mismas cosas que yo te he predicado. Pasa tiempo compartiendo las mismas cosas con los hermanos fieles que tienes».

> **Tú, pues, hijo mío, esfuérzate en la gracia que es en Cristo Jesús. Lo que has oído de mí ante muchos testigos, ESTO ENCARGA A HOMBRES FIELES que sean idóneos para enseñar también a otros.**
>
> **2 Timoteo 2:1-2**

Pablo le dijo a Timoteo que predicara lo mismo que él había predicado. ¿Acaso Pablo estaba fabricando clones sin razonamiento? Ten cuidado de las personas que quieren re describir las cosas divinas, y hacen que parezcan tontas.

Cuando te «sumerges» en grabaciones te ocurren muchas cosas buenas. Aprendes a predicar y atrapas la unción. Es gracioso cómo ve las cosas la gente. Por ejemplo, una persona una vez dijo que no quería escuchar, porque no quería «perder su personalidad». ¿Cómo puedes perder tu personalidad al exponerte a la unción y a la influencia que viene de hombres de Dios especiales?

¿Me estás diciendo que cuando los miembros del coro de mi iglesia cantan una canción de Andrae Crouch o de alguien más, han perdido su personalidad? ¿Sabes que ellos tienen que ensayar la canción durante varias horas para poder cantarla bien? ¿Me estás diciendo que conforme ellos se sumergen en la música una y otra vez, y conforme tratan de reproducir exactamente lo que están escuchando, están perdiendo sus personalidades? *¡Como dije antes, prefiero escuchar a mis perros ladrar en la mañana, que escuchar tales comentarios!* Recuerda lo que Pablo le dijo a los Corintios cristianos; ¡les dijo que lo imitaran!

Sed imitadores de mí, así como yo de Cristo.

1 Corintios 11:1

Está bien seguir a las personas y sumergirse en sus grabaciones, siempre y cuando estas personas estén imitando a Cristo minuciosamente.

Capítulo 7

«Aman» y «Tsalach»

Y cuando se levantaron por la mañana, salieron al desierto de Tecoa. Y mientras ellos salían, Josafat, estando en pie, dijo: Oídme, Judá y moradores de Jerusalén. Creed en Jehová vuestro Dios, y estaréis seguros; creed a sus profetas, y seréis prosperados.

2 Crónicas 20:20

En esta famosa Escritura, encuentras a Josafat, un miembro de la iglesia, exhortando al resto de la congregación para que crean en Dios, así como en el hombre de Dios. Este famoso discurso nos enseña una gran lección para el ministerio. En la primera parte de la Escritura hay una predicción de que creer en Dios nos dará seguridad. En la segunda parte de la Escritura, la promesa es que creer en los profetas dará prosperidad.

Has de saber que Josafat estaba frente a una situación muy difícil. Muchos reyes estaban a punto de atacarlo, y su nación estaba en crisis. Él había convocado a una reunión de oración; muchas oraciones se habían hecho al Señor. Al final de la reunión de oración, uno de los pastores (¡el reverendo Jahaziel!) dio una profecía. Profetizó que iban a ganar la guerra, y predijo que Dios iba a pelear por ellos y que todo iba a estar bien. Debido a esto, Josafat hizo que el coro marchara enfrente del ejército, ¡lo cual era un movimiento muy peligroso! Pero él creía en ambos, en Dios y en el profeta, ¡y valió la pena! Cuando todo acabó, Josafat y sus seguidores tuvieron más bendiciones de las que podían llevarse. ¡Dios los bendijo con más de lo que podían llevar!

Viniendo entonces Josafat y su pueblo a despojarlos, hallaron entre los cadáveres muchas riquezas, así vestidos como alhajas preciosas, que tomaron para sí, tantos, QUE NO LOS PODÍAN LLEVAR; tres días estuvieron recogiendo el botín, porque era mucho.

2 Crónicas 20:25

La palabra hebrea traducida como «seguros» en 2 Crónicas 20:20 es la palabra «Aman». Esto significa «sustentar», «adoptar como padres», «fortalecer y cuidar». Esto nos enseña que cuando tú crees en Dios, Él te va a sustentar y a cuidar; te va a fortalecer en la fe, y tú recibirás un fuerte fundamento que solo un padre puede dar. Pero esta escritura continúa y dice que creamos en sus profetas para que seamos «prosperados». La palabra hebrea que se traduce como «próspero» es la palabra «Tsalach», y significa «impulso para avanzar», «pasar por encima de», «entrar con poder» y «tener un comienzo inesperado». «Aman» y «Tsalach» son dos experiencias muy diferentes en el ministerio.

Dios te va a sustentar y a fortalecer para Su obra. Te va a cuidar como a un bebé en una cuna. Te va a adoptar como hijo, y te va a animar hasta que ya te hayas desarrollado bien. PERO ENTONCES, NECESITAS UN IMPULSO HACIA DELANTE EN EL MINISTERIO.

Necesitas entrar en el ministerio con poder, necesitas tener un comienzo inesperado para llegar a la plenitud de tu llamado. Dios quiere que pases por encima de cada muro y obstáculo de tu vida y de tu ministerio. La pregunta es: *«¿Cómo vas a recibir este impulso para avanzar en tu ministerio?»*. Después de que has sido criado y adoptado por el Dios Todopoderoso, ¿cuál es la clave para entrar con poder al frente de las filas del ministerio? **La clave es creer en el hombre de Dios.**

Algunas personas tienen dificultades para creer en el hombre de Dios. Estas personas dicen: «Puedo creer en Dios, pero no puedo confiar en estos hombres». También dicen: «No puedo poner mi confianza en alguien de carne y hueso». De lo que tú te tienes que dar cuenta es que no estás poniendo tus fuerzas en un ser humano en sí. La seguridad que da esta Escritura es que se supone que tienes que creer en ambos, en Dios y en el hombre de Dios. Uno sin el otro no te va a llevar adonde tienes que estar.

Creer en Dios sin creer en sus profetas te ayudará a fortalecerte gratamente en Cristo, pero no tendrás el impulso que necesitas para avanzar. Por otra parte, creer en el hombre de Dios sin creer en Dios, ¡también es muy peligroso! Podrías cometer fácilmente un error, y seguir las equivocaciones de un ser humano. ¡Por eso las dos cosas van juntas!

Mi oración es que conforme leas este libro, permitas el acceso a las bendiciones de «Tsalach». Esta es la bendición de ser impulsado con poder para avanzar en el ministerio.

Al principio de mi vida cristiana fui sustentado por Dios a través de grandes asociaciones como la Unión Bíblica. Fui criado con la Palabra de Dios. Fui alimentado con ambas cosas, estudios bíblicos y oraciones. Puedo asegurarte que continuamente crecí en el Señor.

Conforme los años pasaron, me encontré con hombres de Dios que tuvieron un impacto en mi vida. Sin darme cuenta de lo que estaba haciendo, empecé a imitar a ministros como Kenneth Hagin, Fred Price y David Yonggi Cho. He imitado minuciosamente los ministerios de tales hombres de Dios, he seguido sus instrucciones, y he creído en ellos; esto me ha impulsado para avanzar en el ministerio. ¡Por este motivo estás leyendo este libro ahora!

Yo siempre tengo un libro o una grabación en los que estoy «sumergido». Está bien imitar a la gente minuciosamente, siempre y cuando ellos estén imitando a Cristo.

Sed imitadores de mí, así como yo de Cristo.

1 Corintios 11:1

Está bien creer en un hombre de Dios siempre y cuando creas en Dios simultáneamente.

Dios les da a todos un hombre de Dios. A través del hombre de Dios en tu vida, vas a recibir un impulso en tu ministerio. Atraparás la unción e inesperadamente empezarás a tener poder. No cometas el error de rechazar al hombre de Dios que Él te da.

El ministerio de muchas personas termina sin rumbo fijo, porque estas se rehúsan a conectarse con Dios a través de un hombre de Dios. En Ghana tenemos la presa de Akosombo como nuestra principal fuente de electricidad; fue construida en el lago Volta (el lago más grande hecho por el hombre). Te puedo asegurar que esta presa genera mucha energía[3] . Si me quiero conectar con esa energía, no tengo que viajar a Akosombo; todo lo que tengo que hacer es conectarme al enchufe más cercano.

El enchufe más cercano es el hombre de Dios con quien te puedes relacionar en esta tierra. Al conectarte con él, te vas a conectar con Dios que está «lejos», en el cielo. ¡Conéctate al enchufe y estarás conectado con un poder asombroso! Conéctate con el hombre de Dios, y vas a estar sorprendido de encontrar que en realidad estás conectado con el mismo poder increíble. Igual que aquel que está conectado al enchufe, está conectado con la presa de Akosombo misma.

De cierto, de cierto os digo: El que recibe al que yo enviare, me recibe a mí; y el que me recibe a mí, recibe al que me envió.

Juan 13:20

Mira a tu alrededor y ve todos esos enchufes «insignificantes» que están cerca de ti. Mira a tu alrededor y ve a todos los hombres de Dios «insignificantes». Haz una conexión con Dios a través de sus vasijas elegidas. Puedes hacer eso al escuchar sus grabaciones, ver sus videos y leer sus libros. No cometas el error de rechazar esta gran oportunidad de ser impulsado para avanzar en el ministerio.

Jesús fue rechazado por la gente de su ciudad natal, ya que ellos no podían creer que este carpintero insignificante fuera el hombre de Dios para sus vidas. Cuando Jesús les dijo que Él tenía la unción para sanar y predicar, ellos se ofendieron y se enojaron; luego lo sacaron de la ciudad.

El Espíritu del Señor está sobre mí, Por cuanto me ha ungido para dar buenas nuevas a los pobres; Me ha enviado a sanar a los quebrantados de corazón; A pregonar libertad a los cautivos, Y vista a los ciegos; A poner en libertad a los oprimidos...

---

[3] N. de la T.: Para referirse a este tipo de energía, el autor utiliza la palabra power que también significa poder.

Al oír estas cosas, todos en la sinagoga se llenaron de ira; y levantándose, le echaron fuera de la ciudad, y le llevaron hasta la cumbre del monte sobre el cual estaba edificada la ciudad de ellos, para despeñarle. Mas él pasó por en medio de ellos, y se fue.

Lucas 4:18, 28-30

Otros que sí creyeron en Jesús lo recibieron y fueron bendecidos grandemente por su ministerio. Ellos obtuvieron un gran avance muy poderoso para sus vidas y ministerios.

El libro de Hechos relata que cuando Pedro, Santiago y Juan empezaron a ministrar, muchas personas se dieron cuenta de que ellos estaban muy ungidos, y empezaron a preguntarse: «¿Quiénes son estos jóvenes que han *empezado su ministerio con poder?*». «¿Quiénes son estos chicos que han estado al frente del ministerio en Jerusalén, *que tienen impulso para avanzar?*». «¿En dónde consiguieron la unción para predicar y para sanar a los enfermos?».

Entonces viendo el denuedo de Pedro y de Juan, y sabiendo que eran hombres sin letras y del vulgo, se maravillaban; y les reconocían que habían estado con Jesús.

Hechos 4:13

En cuanto a ti, ¡te veo con impulso para avanzar en el ministerio! ¡Te veo ir con poder al frente del ministerio en tu ciudad! ¡Te veo superando cada uno de los obstáculos y dificultades de tu ministerio! ¡Aprovecha a tu hombre de Dios! «¡Sumérgete» en las grabaciones y «sumérgete» en los libros! ¡La unción es para que tú la tomes! ¡Estás comenzando a dar fruto de manera inesperada, y estás triunfando en el ministerio del Señor Jesucristo!

Padre celestial, yo oro por cada joven, hombre o mujer, que desee la unción del Espíritu Santo. Oro por cada uno de los pastores en el ministerio. Oro para que abras los ojos de su entendimiento de modo que puedan ver la verdad que está en tu Santa Palabra. Derrama tu poder y tu Espíritu en los ministros de esta cosecha de los últimos tiempos. Oh Señor, necesitamos tu unción más que nunca. Conforme tus hijos aprovechan a los hombres de Dios que nos has dado, que un Espíritu de humildad y de receptividad los envuelva. Que un manto precioso caiga en aquellos siervos que deseen caminar en un nivel de unción más elevado. ¡Que cada uno de los ministros del Señor Jesús que lea este libro jamás vuelva a ser igual! Y que sean dotados con verdaderos poderes y dones de lo alto. ¡Amén!

Capítulo 8

Seis gigantes atrapan la unción

Es interesante notar la manera en que los grandes hombres atraparon la unción. ¡Muchas personas piensan que la unción solo viene a gente con suerte! En este capítulo, presento los testimonios de seis grandes hombres que mucha gente conoce. Estas personas no son desconocidas para el cuerpo de Cristo. La mayoría de nosotros conocemos las grandes cosas para las que el Señor ha usado a estos hombres.

Los siguientes testimonios son pasajes de libros que hablan sobre ellos. Estas no son mis palabras, estoy tratando de mostrarte lo que ellos dijeron de ellos mismos.

Reinhard Bonnke y George Jeffreys

*Lo siguiente es un pasaje de la biografía de Reinhard Bonnke, llamada «**A Passion for the Gospel**» [Pasión por el evangelio], escrita por Colin Whittaker.*

> El tren de Swansea llevó a Reinhard Bonnke a Londres, en donde tenía pocas horas libres antes de la próxima etapa de su viaje hacia el transbordador nocturno. Ya le habían dicho que la forma tradicional de ver Londres era en sus mundialmente famosos autobuses rojos. Como tenía suficiente dinero para un boleto de autobús con viajes ilimitados, viajó por las calles de la capital, cambiando de autobuses al azar. Estaba libre, e iba a su casa, y tanto la vida como Londres parecían maravillosos desde la parte superior de un autobús de dos pisos.
>
> Después de una hora o dos, necesitaba ejercitarse, así que bajó en la siguiente parada y se paseó por la calle, con poca idea de dónde estaba, excepto que todavía estaba dentro de la ruta de los autobuses de Londres. Mientras disfrutaba de su caminata, un letrero le informó que esa área se llamaba Clapham. Este nombre no significaba nada para él, así que siguió andando hasta que se encontró afuera de una casa con un cerco de madera alrededor, y

con un tablero que decía: Director George Jeffreys. Detuvo sus pasos y miró el nombre otra vez. Estaba ahí, lo suficientemente claro, pero no, lo descartó; no podría ser.

Solo unas cuantas semanas antes, él había estado hojeando libros en la biblioteca de su universidad, cuando se topó con «Healing Rays» [Rayos de Sanidad], escrito por George Jeffreys. Su interés se despertó rápidamente cuando echaba un vistazo a su contenido. Era una exposición bíblica y balanceada del tema de sanidades divinas. El último capítulo estaba lleno de testimonios de milagros en el ministerio de George Jeffreys, los cuales fueron presenciados por congregaciones enormes en los más grandes salones de todas las islas Británicas. El fundador y líder de Elim Foursquare Gospel Alliance [Alianza del Evangelio Cuadrangular Elim], claramente había sido un gran evangelista ungido.

Reinhard había estado absorto, pero se dio cuenta de que los milagros habían ocurrido principalmente en 1920. Asumió que este gran evangelista debía estar muerto, y cuando Reinhard terminó la Universidad, George Jeffreys estaba lejos de sus pensamientos.

Pero ahora se preguntaba. ¿Era posible que este gran evangelista estuviera aún vivo y viviera ahí? Estaba a punto de decidir que no tenía sentido siquiera pensar en eso, cuando le pareció que el Espíritu Santo susurró en su corazón: «¿Por qué no lo averiguas?».

Contrario a lo que la gente pueda pensar cuando lo ven en acción en una plataforma, Reinhard no es alguien que se apresure a hacer las cosas; le gusta pensar antes de actuar. Sin embargo, en seguida supo que tenía que saber la verdad.

Se acercó a la puerta delantera y timbró. Justo cuando empezaba a pensar que no había nadie adentro, una mujer abrió la puerta.

—Disculpe —preguntó—, vi la placa con la inscripción y me pregunto si esta es la casa de George Jeffreys, el poderoso evangelista que alcanzó a una nación entera.

—Sí, el mismo hombre. —contestó.

—¿Cree que pueda verlo por favor? Acabo de terminar mis estudios en la Universidad Cristiana y voy camino a mi casa en Alemania.

Su respuesta fue un «no» nada prometedor, y con eso comenzó a cerrar la puerta, cuando una voz resonó desde el interior: «Déjalo entrar».

Reinhard entró asombrado, y ahí, bajando las escaleras estaba la débil figura de un anciano. Con una voz ronca y profunda, saludó a Reinhard y le preguntó qué deseaba. Reinhard le explicó que acababa de terminar la Universidad Cristiana, y que el llamado de Dios para su vida era ser misionero en África.

Entonces fue dirigido a uno de los cuartos, y lo invitaron a tomar asiento. George Jeffreys se sentó en el lugar opuesto a él, en un sofá, y comenzó a hacer a Reinhard muchas preguntas acerca de él mismo.

El hecho de que Reinhard haya estado en una universidad de Gales ayudó a abrir la conversación con este predicador galés, quien tenía sus raíces en el gran avivamiento que hubo ahí en 1904, y la conversación se encendió con el fuego de una compenetración espiritual que arrasaba con el conflicto generacional. Era la reunión de dos almas gemelas con una pasión mutua por la evangelización. Uno era considerado por muchos como el más grande evangelista británico de su siglo, quien sabía que estaba llegando al final de su vida. Y el otro, un entusiasta joven que sabía que Dios le había dado el ministerio de un evangelista, estaba asumiendo el manto de su ministerio.

De repente, el anciano se arrodilló, jalando a Reinhard con él. La gloria de Dios vino a Reinhard cuando George Jeffreys impuso manos sobre su cabeza y oró por él. La voz cansada, pero aún elocuente, adquirió fuerza cuando el viejo evangelista galés derramaba su alma en oración por el joven novato y entusiasta, a quien Dios había llevado a su casa para que lo bendijera. George Jeffreys, quien había pasado su vida suplicándoles a los pecadores que recibieran a Cristo, estaba nuevamente buscando el rostro de Dios a favor de los perdidos, pero a través del ministerio de este joven alemán que estaba arrodillado con él.

¿Dios le dio a George Jeffreys una visión del ministerio futuro de Reinhard Bonnke? ¿Le fue permitido ver con anticipación la enorme expansión del avivamiento que se acercaba? No podemos saberlo, pero cuando finalmente Reinhard se puso de pie, supo que había recibido de Dios algo poderoso. Cuando el ama de llaves cerró la puerta detrás de él, se fue de la casa «aturdido» por lo que había pasado. No podía asimilarlo todo. Él ni siquiera había tenido a George Jeffreys en su mente, y aun así, en una ciudad de alrededor diez millones de personas, Dios lo había llevado a la puerta de aquel hombre. Entre más pensaba en eso, más agradecía a Dios por haberlo guiado de esa manera. Tomó el tren nocturno que iba al transbordador que cruza el Canal de la Mancha, y viajó vía Bélgica para regresar a su casa en Alemania. Hermann y Meta estaban muy contentos de tener a su hijo otra vez en casa, y todos ellos tenían muchas cosas de qué hablar, sin embargo Reinhard no mencionó su encuentro con el gran evangelista.

Unas pocas semanas después Herman dijo: «Reinhard, acabo de recibir noticias de que murió George Jeffreys, el famoso evangelista». Reinhard se quedó aturdido: «Eso no puede ser, ¿es en serio? Yo lo vi hace unas semanas en mi camino a casa». Después le contó a su papá la historia de esa maravillosa reunión. A la luz de la muerte de aquel gran hombre, aquel encuentro fue visto como algo aún más extraordinario.

Veinticinco años después, en Agosto de 1986, Reinhard Bonnke condujo una campaña en Blantyre, Malawi, llamada igual que el lugar en Escocia donde nació David Livingstone, el gran misionero explorador de África. De tal manera Dios fue el Señor del ministerio de este siervo suyo, que para el servicio de clausura, la multitud que asistió se había elevado a más de 150,000. Más adelante en ese año, hubo otra campaña en Lilongwe, y otra vez muchos miles fueron a oír el mensaje del evangelio. Fue durante ese tiempo cuando Reinhard quedó profundamente afectado por ciertas palabras conmovedoras escritas por David Livingstone más de un siglo antes, en 1853, cuando estaba en esa misma región.

Los futuros misioneros serán recompensados con conversiones en cada sermón. Nosotros somos sus pioneros y ayudantes.

No dejes que olviden a los guardas de la noche, nosotros, los que trabajamos cuando todo estaba oscuro y cuando ninguna evidencia de éxito, en lo que a la conversión se refiere, animó nuestra senda. Ellos, sin ninguna duda, tendrán más luz que nosotros, no obstante, nosotros servimos a nuestro maestro con gran seriedad, y proclamamos el mismo evangelio que ellos proclamarán.

Más de una vez, cuando Reinhard resplandecía en África, el Espíritu Santo le recordó la inconmensurable deuda que tenía con muchos «guardas de la noche», en cuyos pasos andaba. Muchos de ellos, como Livingstone, habían muerto hacía mucho tiempo, pero como dice la Escritura al referirse a Abel, ellos «por fe aún hablan». Sin embargo, en la providencia de Dios, a él le había sido permitido conocer a uno o dos guardas especiales del siglo veinte.

No fue sino hasta que él estaba orando por la trascendental decisión de mover el centro de sus operaciones de África a Frankfurt en Alemania, cuando el Espíritu Santo atrajo su atención a esto de una manera muy especial. De repente todo se relacionó. Dios le dio una nueva comprensión acerca de cómo nos fundamentamos en la gente que ha estado antes que nosotros, aquellos guardas que fielmente cargaron la antorcha de la verdad en su generación, desafiaron la oscuridad, y entregaron la batuta a aquellos que vinieron después y que estaban listos para responder al llamado de Dios; personas como David Livingstone, Rees Howells y George Jeffreys; y él supo que de alguna manera Dios le había ayudado a llevar la batuta. La magnitud de la responsabilidad recaía fuertemente sobre él. No debía fallar.

Cuanto más pensaba en ese encuentro con George Jeffreys, más se daba cuenta de cómo Dios lo había planeado; no solo la asombrosa sincronización de este, tan cerca del final de la vida del evangelista; no solo que él era un alemán cuya nación había estado en guerra con la Gran Bretaña apenas unos cuantos años antes; no solo el día que él había terminado la universidad; sino que también fue con uno de los más grandes evangelistas de este siglo. Dios había confirmado su llamado, y esta experiencia especial parecía cubrirlo con un manto adicional de su poder.

Considerar el incidente bajo la dirección del Espíritu Santo lo fortaleció e hizo que le agradeciera a Dios por Su guía, y también obtuvo la capacidad de mantener todo en perspectiva. Reinhard sabía que incluso el gran George Jeffreys había cometido errores que ciertamente casi habían limitado su efectividad en sus últimos años. Nada podría alguna vez quitarle méritos a lo que el evangelista había logrado, pero tristemente se había involucrado en una disputa por el gobierno de la iglesia, que a la larga había causado divisiones en el movimiento Elim, y también se había dedicado a otra distracción poco provechosa, la cual no lo llevó a ningún lado, sino que solamente le trajo más controversias. Fue una lección sombría. ¿Si un gran hombre como él pudo cometer errores que estropearon su ministerio, entonces qué esperanzas había para Reinhard Bonnke? Así que oró para que Dios continuara enderezando sus veredas, y para que lo librara de alguna vez ser desviado de la evangelización.

Ninguno de los siervos de Dios es un súper hombre, y Reinhard está consciente de que algún día las personas pueden regodearse también de sus errores. Somos lo que somos por la gracia de Dios. Un incidente que fácilmente pudo haberlo hecho un hombre engreído, ha servido para humildemente mantenerlo consciente de su necesidad de orar y velar. El camino de un evangelista de éxito está lleno de trampas.

Kenneth Hagin y Smith Wigglesworth

*Lo siguiente es un pasaje del libro **Understanding the Anointing** [Entendiendo la unción] de Kenneth Hagin. Observa cómo la unción fluye de un gran hombre a otro.*

Cuando un gran hombre o mujer de Dios salen de la escena, como lo hizo Elías, escucharás que algunos predicadores dicen: «Me pregunto sobre quién caerá su manto». Todos hemos escuchado ese dicho. ¡Pero el solo escucharlo y repetirlo, no lo hace cierto! Las cosas no son ciertas solo por que pensamos que lo son. Quiero que aquí veas algo que puede obstaculizarte para que tengas las bendiciones que Dios quiere que tengas.

En 1947, me suscribí a una publicación religiosa, y leí que Smith Wigglesworth se había ido a la presencia del Señor, a la edad de

87 años. Sentí una gran perdida. Recuerdo que fui a mi iglesia y caí sobre el altar. No conocí personalmente a aquel hombre, pero constantemente había leído sobre él; en realidad había desgastado sus libros hasta que, a fuerza de insistir, algo de él se me contagió.

Sientes un vacío —una soledad— cuando un hombre de Dios de ese calibre se va —un hombre en cuyo ministerio 23 personas fueron resucitadas de la muerte. Entonces la gente dijo: «¿Me pregunto sobre quién caerá su manto?».

En mi ignorancia también pensaba que el manto era la unción, y que este caería al azar sobre alguien. Pero eso no es correcto, sino que el manto simboliza la unción…

Como vimos antes, obtienes la unción por asociación, por el entorno y por la influencia. No cabe duda de que serás guiado por el Señor a seguir ciertos ministerios, pero hay ciertas cosas sobre las cuales los ministros necesitan estar prevenidos. Estoy en mi año número 49 del ministerio. En 49 años puedes encontrarte con unas cuantas cosas.

Si vas a imitar a alguien, asegúrate de que esa persona esté imitando al Señor. Si ellos se alejan un poquito —sólo un poquito— no los sigas. Aprende la fe de ellos, pero no los sigas demasiado cerca. Recuerda estas tres cosas:

Primero, ten el llamado de Dios en tu vida.

Segundo, imita al Señor Jesús —Él es la cabeza de la iglesia— muy, muy minuciosamente.

Tercero, si quieres el mismo tipo de ministerio que alguien tiene, sigue ese ministerio de cerca. Si este deseo está en tu corazón, generalmente es porque Dios lo puso ahí; Pero ese manto no va a caer sobre ti automáticamente, como cerezas maduras que caen de un árbol.

Benny Hinn y Kathryn Kuhlman

Benny Hinn es otro ejemplo de alguien que ha atrapado la unción. En su libro «Buenos días, Espíritu Santo», relata cómo recibió una impartición en su vida a través del ministerio de

Kathryn Kuhlman. Él describe que asistió a un servicio de milagros de Kathryn Kuhlman, y cómo el Espíritu Santo lo tocó en esa reunión.

En las Escrituras, las similitudes entre los ministerios de Elías y Eliseo fueron indicadores de las similitudes de la unción en sus vidas. Esto es lo que hoy en día nos da la autoridad de examinar las similitudes entre diferentes ministerios. Eliseo pidió una doble porción de la unción que tenía Elías, y la consiguió. ¡Consecuentemente, Elías realizó dieciséis milagros, y en contraste Eliseo realizó treinta y dos! Eliseo realizó exactamente el doble de los milagros que Elías realizó. Esto es porque tenía una doble porción de la unción de Elías. Los milagros de los dos ministros también fueron similares. Ambos estuvieron involucrados en declarar hambrunas en sus comunidades.

Ambos experimentaron el milagro de la resurrección de un niño. En determinado momento de su ministerio, ambos, Elías y Eliseo, estuvieron involucrados en secar el Río Jordán. Otra similitud importante es que ambos dieron palabras proféticas precisas, las cuales sucedieron.

Mi observación del ministerio de Benny Hinn me deja sin ninguna duda de que él efectivamente recibió algo a través del ministerio de Kathryn Kuhlman. Dicho simplemente, creo que Benny Hinn atrapó la unción que estaba sobre Kathryn Kuhlman. Hay muchas similitudes entre los ministerios de ambos, y estas similitudes son pruebas de que el mismo tipo de manto que estaba en Kathryn Kuhlman está ahora en Benny Hinn.

Las grandes multitudes que se reúnen en los servicios de milagros de Benny Hinn, hacen recordar el tipo de audiencia que Kathryn Kuhlman atrajo alguna una vez. La unción peculiar de sanidad que ocasiona todo tipo de milagros asombrosos es también característica de ambos, de Benny Hinn y de Kathryn Kuhlman. La inusual y tangible presencia del Espíritu Santo que se experimenta en los servicios de Benny Hinn es también una marca de la unción de Kathryn Kuhlman. El fenómeno de varias personas que durante los servicios caen bajo el poder es también una característica distintiva de ambos ministerios. Como dije, estas similitudes son pruebas de que el mismo tipo de manto que estaba en Kathryn Kuhlman está ahora en Benny Hinn.

No estoy expresando estas cosas para que te relajes y digas: «¡Wow desearía ser Benny Hinn!». No estoy expresando estas cosas para que te maravilles con las cosas que los grandes hombres de Dios han experimentado. Estoy tratando de mostrarte un principio que te puede ser útil. ¡Tú puedes estar ungido! ¡Tú puedes atrapar la unción! También puedes recibir grandes dones espirituales si entiendes los principios que gobiernan cuando se recibe la unción. Hay tanto trabajo, que Dios necesita a varias personas ungidas que vayan con la Palabra. Yo no creo que la unción sea para algunas cuantas personas especiales. ¡Es para ti y para mí, si estamos dispuestos a pagar el precio!

T.L. Osborn y William Branham

Lo siguiente es un testimonio interesante de como T.L. Osborn atrapó la unción. Observa de qué manera la unción pasó de un gran hombre a otro.

> El hombre que estuvo más cerca de formar un ministerio único durante los primeros años del avivamiento fue un joven evangelista de Oklahoma, Tommy L. Osborn. En el proceso, Osborn fue pionero de muchas técnicas nuevas de evangelismo independiente externo, y se ganó el respeto de la mayoría de los evangelistas contemporáneos. Cuando el avivamiento disminuyó a finales de los años cincuenta, muchos otros, en su esfuerzo por sobrevivir, siguieron el camino que Osborn había abierto.
>
> Osborn fue uno de trece niños criados en la pobreza de una granja en crisis, en Oklahoma, en donde aprendió a tener una fe profunda en Dios. En 1937, cuando tenía catorce años, él estaba convencido de que Dios le habló y le dijo que sería predicador. Aunque solamente terminó hasta el octavo grado, se convirtió en ministro de la pequeña iglesia Pentecostal Church of God [Iglesia Pentecostal de Dios]. En 1946, pasó un año desalentador como misionero en India. Regresó enfermo y decepcionado, y se estableció en una pequeña iglesia local en McMinnville, Oregón. Los mejores años del tiempo en el que Osborn empezó a ser ministro fueron un éxito limitado.

En Oregón, un desilusionado Tommy L. Osborn esperó la profética llegada del equipo de William Branham en el verano de 1947. En la primera noche de la campaña de Branham en Portland, la esposa de Osborn estaba en la audiencia.

Daisy Osborn, una persona inteligente y enérgica por sus propios méritos, persuadió a su esposo de asistir la siguiente noche. Después de esto Osborn escribió:

Cuando veía al hermano Branham ministrando a los enfermos, quedé especialmente cautivado con la liberación de una pequeña sordomuda, por quien él oró así: «Espíritu sordomudo, te ordeno en el nombre de Jesús, sal de la niña», y cuando chasqueó los dedos, la niña escuchó y habló perfectamente. Cuando presencié esto, parecía que había miles de voces que me hablaban al mismo tiempo, al unísono todas me decían una y otra vez: «Tú puedes hacer esto».

Mediante esta experiencia «nació un ministerio misionero único que ha alcanzado a miles para Dios».

El Obispo David Oyedepo y el Arzobispo Idahosa

Observa el testimonio del obispo David Oyedepo, un gran hombre de Dios que está dando mucho fruto para el Reino. Este es su testimonio con sus propias palabras.

En 1987, yo estaba viendo un programa de videos que hacía hincapié en el mensaje de Isaías 53:1.

«¿Quién ha creído a nuestro anuncio? ¿Y sobre quién se ha manifestado el brazo de Jehová?».

Mi corazón y mis ojos no se apartaban del programa. ¡Conforme veía y oía el mensaje de esa cruzada, el poder de Dios me impactaba tanto que me puse a llorar, ahí solo, en mi casa! Me fui a dormir en ese estado, y me sentía muy acelerado.

Me levanté temprano, fui a la sala y grité: «¡Dios enséñame el secreto!», y en medio de esta experiencia, escuché que un hombre entraba; puso Su mano en mi espalda, y unas olas recorrieron mi columna. Entonces exploté en llanto.

El siguiente domingo, cuando me puse de pie para predicar en la iglesia y dije: «Démonos la bienvenida con esta Escritura…», y abrimos la Biblia en el Salmo 110, ¡antes de que pudiera terminar de leerlo, el poder de Dios descendió! Ya no hubo predicación. ¡Hubo toda clase de sanidades! ¡De toda clase! Y eso ocasionó las «Llamas de Pentecostés», que fue la invasión conmovedora que destruyó al diablo en el estado de Kaduna (en el Norte de Nigeria).

Amigos, entre más pronto se expongan a este poder será mejor. ¡Hay poder en el encuentro con la Palabra! No experimentarás poder hasta que seas un amante de la Palabra, ya que la fuente genuina de poder es la Palabra. Hechos 10:44 dice que «Mientras aún hablaba Pedro estas palabras, el Espíritu Santo cayó sobre todos los que oían el discurso». Si tú estás orando para pedir poder, y por el poder también abrazas la Palabra, entonces nunca te marchitarás.

Conforme las Palabras son habladas, una impartición toma lugar, y conforme las palabras proféticas son dichas, una impartición toma lugar también. En Ezequiel 2:2, el profeta Ezequiel dijo: «Y luego que me habló, entró el Espíritu en mí…». Conforme escuches palabras ungidas, no solo esperes tener discernimiento, sino también espera encontrar impartición.

En 1986, estuve en una reunión en Tulsa, en donde el Rev. Kenneth E. Hagin estaba ministrando bajo la unción del Espíritu Santo. Me senté en un lugar lejano, y mientras él hablaba, vi su rostro transfigurado (no sé cuantas personas vieron eso), y entonces ahí tuve un encuentro. Mi corazón explotó, y empecé a sollozar abiertamente. ¡El Espíritu entró en mí y cambió el curso completo de mi ministerio!

Antes de eso, yo solía predicar brincando por todos lados y sudando; ¡pero ese día, el Espíritu entró en mí, y la serenidad del estilo de ministrar de Kenneth Hagin me fue impartida instantáneamente!

Cuando presentas tu corazón a Dios, como una placa en la que Él pueda hacer inscripciones, no solamente recibes entendimiento, sino que recibes una impartición que hará que el entendimiento sea productivo. «Ninguna profecía de la

Escritura es de interpretación privada... los santos hombres de Dios hablaron siendo inspirados por el Espíritu Santo». Así que cuando la Palabra está siendo hablada, no solo estás encontrando entendimiento, también estás encontrando la impartición del Espíritu que la reunió.

No tomes a la ligera el tiempo que pasas escuchando a los maestros y a los predicadores de la Palabra ungidos. Conforme oyes y escuchas, no solo esperes recibir entendimiento, también espera encontrarte con el poder Dios, y prepara tu corazón para ello. Nada es más auténtico que lo que viene directo de la fuente. «Porque su boca mandó, y los reunió su mismo Espíritu» (Isaías 34:16).

A través de la Palabra hablada, muchos han encontrado el poder en muchas formas —grabaciones de video y de audio, televisión, radio, etc. Hay personas que han encontrado el bautismo de aceite fresco al escuchar la Palabra hablada.

Una vez yo estaba viendo al arzobispo Benson Idahosa en un video, y por primera vez en mi vida, un invitado invisible caminó hacia mí. Sus pisadas eran audibles para mí, y cuando puso sus manos en mi espalda, algo recorrió mi cuerpo. Fue cuando sobre mi fue liberada la unción para milagros. Desde entonces, siempre veo las enfermedades como algo falso, y a los que simpatizan con ellas como ignorantes. Yo veo que puedes estar bien, si es tu deseo estar bien.

John Osteen (Lakewood Church [Iglesia de Lakewood]), y los Osborn

John Osteen fue pastor de la iglesia de Lakewood, una de las iglesias más grandes del mundo. Observa lo que dijo acerca de escuchar cintas. A él no le importaba sumergirse en las cintas de otro gran hombre. Todo lo que quería era atrapar la unción.

Cuando hablas de Daisy Osborn, hablas acerca de T.L. Osborn. Cuando hablas acerca de T.L., hablas acerca de Daisy. Ellos son inseparables, siempre lo han sido. Solo el cielo registrará cuántos ministros están predicando el evangelio en la actualidad debido a ellos.

Me siento muy bendecido por haber conocido a ambos. La primera vez que supe de los Osborn fue cuando leí su libro *«Healing the Sick and Casting Out Devils» [Cómo sanar enfermos y echar fuera demonios].* Entonces dije: «Debo encontrar a esta pareja». Lloré cuando vi las fotos de las multitudes y de los milagros.

Siendo un ministro bautista que acababa de recibir el bautismo del Espíritu Santo, yo no había creído que estas cosas pudieran pasar en nuestros días. Por lo tanto, reflexioné: ¿Estos milagros son reales? ¿Me he quedado afuera? Me rehusé a renunciar hasta que me puse en contacto con los Oborn, y ellos me dejaron entrar en sus vidas. Yo tenía la determinación de hacer algo por mi generación, pero no sabía cómo. Sin embargo, este hombre y esta mujer me tomaron bajos sus alas, y me enseñaron a no solo predicar *acerca* de Jesús sino a predicar a *JESÚS.*

Daisy y T.L. siempre tendrán parte en todo lo que hagamos en la iglesia de Lakewood para alcanzar a las naciones del mundo para Cristo. Ellos me invitaron a asistir a una de sus cruzadas. Me llevaron a la plataforma para sentarme con ellos. Me rodearon con sus brazos, y me permitieron ver directamente los rostros de las personas que habían recibido milagros. Lo que quiero decir es que hicieron que estuviera justo ahí, y viera esos milagros, uno tras otro.

T.L. y Daisy vieron el hambre de mi corazón, y determinaron que debía contemplar la gloria del Señor en acción —justo ahí ante mis ojos. Conforme escuchaba sus enseñanzas, presenciaba esos milagros, y observaba la simplicidad de su ministerio, concluí: «Esto es bíblico, y yo puedo hacerlo».

Durante los ocho años siguientes, fui por todo el mundo, y Dios confirmaba su Palabra en donde fuera que predicara. Después Él me dijo que regresara a Houston y construyera la iglesia de Lakewood como un gran centro para alcanzar al mundo —una base para alcanzar a las naciones con el mensaje y el amor de Jesús.

Hace no mucho tiempo, Daisy hizo algo muy especial por mí. Quizá sonrías cuando te diga lo que hizo, pero fue una amabilidad que nunca olvidaré. Yo había estado involucrado en la iglesia de Lakewood y en las responsabilidades del pastoreo, y en mucho tiempo no había ido al extranjero para conducir una cruzada. Lo había hecho durante esos ocho años, pero después, cuando Dios me dirigió a construir la iglesia de Lakewood como un *«Oasis de amor en un mundo problemático»,* me quedé en Estados Unidos y me dediqué al ministerio pastoral, con la excepción de algunos viajes misioneros ocasionales en el extranjero.

Habíamos decidido conducir una gran campaña de evangelización y un seminario de líderes en Nueva Delhi, India, la capital de esa enorme nación histórica. Yo me estaba preparando para irme. Había hablado con el hermano T.L. acerca de esto. En años no había predicado en una cruzada en el extranjero, y yo realmente tenía miedo y me preguntaba si era capaz de hacer esa tarea. Tal vez suene tonto, pero es verdad. Le dije a T.L.: «Creo que ya olvidé cómo hacerlo».

Teníamos registrados a 3,200 pastores y predicadores de toda India, además de otros miles de líderes, trabajadores y estudiantes. Aunque es difícil de creer, sentí pánico. Así que llamé a Daisy, y le dije: «Daisy mañana me subo al avión y tengo miedo de haber olvidado cómo predicar». También le dije: «¿Me mandarías por paquetería los mensajes que T.L. predicó en su cruzada de Hyderabad, India?». Añadí (con una sonrisa por dentro, porque ella y T.L. me conocen muy bien): «Te digo que si no me mandas esas cintas, voy a fallar en esa gran cruzada y en el seminario en Nueva Delhi. No sé qué hacer. Tienes que ayudarme».

Por supuesto la hermana Daisy se rió y dijo: «Pastor John, tú sabes predicar». Yo dije: «¡Hermana Daisy, envíame esas cintas o estaré perdido!». Entonces ella me aseguró: «Las tendrás en la mañana, pastor». Y me envió por paquetería rápida el juego de cintas completo de la predicación de la cruzada de T.L. en Hyderabad; me las envió a Houston de la noche a la mañana. Las recibí antes de irme, y las escuché durante todo el camino a India. *¡Y lo que funciona para T.L. y para Daisy, funciona para John Osteen, porque es la Palabra de Dios!*

Daisy y T.L. han dejado una huella en mí y en mi preciosa esposa Dodie; pero no solo en nosotros: Miles y miles de predicadores han sido bendecidos y animados por su influencia divina.

El principio es el mismo

Lo que funcionó para estos grandes y poderosos hombres de Dios, funcionará para ti. El principio de atrapar la unción a través de libros y grabaciones es un principio probado y comprobado por el tiempo. Es tiempo de que atrapes la unción para ti mismo. No puedes continuar ministrando solamente con un celo natural. ¡Ah, qué diferente será tu vida cuando estés ungido!

Reinhard Bonnke es uno de los más grandes evangelistas de todos los tiempos. Sus cruzadas típicamente atraen multitudes de cualquier lado, hasta alcanzar medio millón de personas. ¿Cómo empezó todo? ¿Cuál es el secreto de este gran ministerio? ¡Es la unción la que lo determina! Aunque el testimonio de Reinhard Bonnke no es acerca de libros o grabaciones, el principio es el mismo: ¡Atrapó la unción! ¡Es la unción la que lo determina! Debes atrapar la unción. La unción viene a la gente que la desea y la busca. Ya sea a través de imponer manos o a través de sumergirse en grabaciones, el principio es el mismo.

Sumergirse en el material (libros y grabaciones) de Smith Wigglesworth le dio resultados a Kenneth Hagin. T.L. Osborn se convirtió en un gran evangelista alrededor del mundo después de haber sido bendecido a través del ministerio del profeta Branham. La unción le ha dado resultados a John Osteen. John Osteen no estaba avergonzado de sumergirse en las grabaciones de T.L. Osborn. El obispo Oyedepo manifestó claramente cómo fue bendecido al sumergirse en los videos y grabaciones de grandes hombres. ¡Así es como nacen los grandes ministerios! ¡Así es como se hacen los gigantes!

Querido amigo, Dios te está haciendo otro gigante para Su reino. ¡Respeta la unción! ¡Que tu meta sea conseguir la unción! ¡La unción es determinante! ¡Una vez que lo sabes nunca serás igual! ¡Tu ministerio nunca será el mismo!

Capítulo 9

¿Por qué algunas personas nunca atrapan la unción?

Hay algunas personas que al parecer nunca atrapan la unción. Quizá estén cerca de ungidos hombres de Dios, pero parece que nunca intervienen en esa gloriosa unción. En este capítulo, quiero exponer para ti algunas razones por las cuales ciertas personas nunca son ungidas.

Cuando Jesús estaba en la tierra con nosotros, ministraba bajo el poder del Espíritu Santo. Sin embargo, de alguna manera, hubo algunas personas que nunca pudieron recibir nada de Él; fueron aisladas de la unción, por lo que yo llamo «barreras humanas» de la unción.

> **Salió Jesús de allí y vino a su tierra, y le seguían sus discípulos. Y llegado el día de reposo, comenzó a enseñar en la sinagoga; y muchos, oyéndole, se admiraban, y decían: ¿De dónde tiene éste estas cosas? ¿Y qué sabiduría es esta que le es dada, y estos milagros que por sus manos son hechos? ¿No es éste el carpintero, hijo de María, hermano de Jacobo, de José, de Judas y de Simón? ¿No están también aquí con nosotros sus hermanas? Y se escandalizaban de él. Mas Jesús les decía: No hay profeta sin honra sino en su propia tierra, y entre sus parientes, y en su casa. Y no pudo hacer allí ningún milagro, salvo que sanó a unos pocos enfermos, poniendo sobre ellos las manos.**
>
> **Marcos 6:1-5**

En esta escritura, notarás que Jesús no fue bien recibido. ¡De hecho, hicieron que fuera incapaz de realizar milagros! La unción no pudo fluir de Él hacia otros. No pudo sanar personas, y las personas no pudieron recibir de Él.

De una manera similar, hay personas que no pueden recibir de algunos hombres de Dios. Este es un problema universal que existe en dimensiones aún más grandes en la actualidad. El don de Dios está alrededor nuestro, ¡y no nos beneficiamos de él!

¿Por qué la gente era incapaz de recibir? ¿Por qué la unción no pudo fluir en sus vidas?

Las Barreras

Hay varias barreras que impiden que la gente reciba unción. Esas barreras son a menudo los rasgos naturales y las características del hombre de Dios. ¡Cualquiera de estos rasgos podría presentar una barrera que podría mantenerte lejos de la unción!

Los nombres, el sexo, la tribu y la nacionalidad de una persona, a menudo se presentan como una barrera para la unción. Algunas personas no pueden recibir de un hombre de Dios por el origen de su familia. Con solo mencionar el nombre de su familia, deja de gustarles. Hay personas que no pueden recibir de una mujer. Hay personas que no pueden recibir de personas de ciertas tribus. Hay cristianos que no pueden recibir de personas de otras nacionalidades.

Hay muchos estadounidenses que mirarían por encima del hombro un libro escrito por un africano. ¡Ni siquiera mirarían dos veces ese material! Yo me he relacionado con ministros de diferentes nacionalidades, y ¡con solo mencionarles África, se cierran! He notado que algunos cristianos occidentales ven a los africanos como mendigos. ¡Sin importar el don de Dios que tengan, los pastores africanos a menudo son vistos como «personas que hacen trabajos poco importantes, como acomodadores de carritos y cargadores de bolsas»!

Esto es desafortunado, porque Dios ha ungido a muchos africanos y les ha dado dones para el mundo. ¡Si tú eres del tipo de persona que no puede recibir de un africano, podrías estar excluido de algunas grandes bendiciones!

Una de las barreras más comunes para recibir la unción es el color de la piel de un hombre. Aunque Dios hizo a todos los hombres iguales, las personas blancas a menudo no pueden recibir nada de las personas negras. Lo que estoy diciendo es cierto, y la prueba de esto se ve en las iglesias de todo Estados Unidos los domingos en la mañana. ¡Los domingos en la mañana es el tiempo de la semana en el que hay más segregación! La gente negra acude en masa a iglesias de negros, pastoreadas por ministros negros. Las personas blancas muy raramente van a iglesias pastoreadas por hombres negros, y viceversa. ¿Por qué es esto? Una vez más las barreras humanas están funcionando. **¡El hombre de Dios puede tener lo que ellos necesitan, pero por estar empacado en el color equivocado, no tendrán ningún trato con él!**

¿Cuál es la diferencia entre un hombre blanco y un hombre negro? ¿No somos todos hombres? ¡Una cosa que prueba que todos somos iguales es el hecho de que puedes hacer una transfusión de sangre de un hombre blanco a un hombre negro sin causar ningún problema!

Todos somos «*homo sapiens*». La única diferencia entre el hombre negro y el blanco es la cantidad de pigmento *melanina* que se encuentra en la piel. ¿Por qué la cantidad de *melanina* de mi piel habría de impedirte que recibas la unción de mi ministerio? ¿Sería posible que te perdieras de la voluntad de Dios, por la cantidad de *melanina* en la piel de alguien?

He recibido muchas bendiciones en mi vida a través de personas de diferentes colores, razas y tribus. He sido tremendamente bendecido por ministros ghaneses y también por estadounidenses. Dios ha tocado mi vida a través de personas con piel negra, blanca y amarilla, y mi vida pudo haber sido muy diferente si no me hubiera abierto a todas esas vasijas maravillosas.

Una vez le pregunté a alguien: *«¿De que color soy?»*. Era un predicador que enseñaba mucho acerca del «hombre negro». Yo quería averiguar en qué categoría caía yo. ¿Sabes algo?, mi difunto padre era de Ghana, y mi madre es de Suiza. ¡Ya que soy una mezcla, quería saber si era visto como una persona blanca o como una persona negra! Desafortunadamente, este querido pastor me colocó en una de estas dos categorías. Yo me pregunté por qué él insistió en ponerme en una de las dos, cuando yo en realidad ¡era la mitad de cada una! ¿Por qué queremos categorizar a las personas? Es esta categorización la que se convierte en una barrera para recibir de un hombre de Dios.

¿Cuál es su origen?

La educación o el origen de la familia de una persona, sus capacidades, su historia personal (¡y rumores!) son algunas de las barreras más comunes para recibir la unción. Afortunada o desafortunadamente, Dios ha decidido usar a los seres humanos como vasijas de su unción. ¡Las vasijas humanas definitivamente tendrán antecedentes de algún tipo! Posiblemente no estés acostumbrado a estos antecedentes. ¡Posiblemente no sean lo que tú quieres! Es posible que no te guste la tribu o la familia a la que la vasija pertenece. Puede ser que no te guste el color de su piel, pero aun así, Dios va a usar esa vasija humana. Como has de saber, Dios tiene muchas vasijas y Él usa la que quiere.

> **En una casa grande no sólo hay vasos de oro y de plata sino también de madera y de barro, unos para los usos más nobles y otros para los usos más bajos.**
>
> **2 Timoteo 2:20 NVI**

¿Qué hay de su edad? ¿El hombre de Dios tiene la suficiente edad para ti? ¿Es demasiado joven? ¿Es demasiado viejo? En el mundo secular, las personas necesitan tener cierta edad para realizar ciertos trabajos. Normalmente, debes tener más de cuarenta años para llegar a ser el presidente o el primer ministro de una nación. Debido a estas leyes, la gente tiende a pensar que cualquier persona menor a los cuarenta años no está calificada para ser líder. Esto es muy desacertado, porque Jesús tenía solo treinta años cuando empezó a ministrar. Cuando los levitas del Antiguo Testamento tenían treinta años eran considerados lo suficientemente mayores para ministrar.

> **Desde el de edad de treinta años arriba... los contarás; todos los que entran en compañía para servir en el tabernáculo de reunión.**
>
> **Números 4:30**

Nunca olvides que los estándares de los hombres no son los estándares de Dios.

Entonces les dijo (Jesús): ... Dios conoce vuestros corazones; porque lo que los hombres tienen por sublime, delante de Dios es abominación.

Lucas 16:15

Pedro recibió de Jesús

Entonces viendo el denuedo de Pedro y de Juan, y sabiendo que eran hombres sin letras y del vulgo, se maravillaban; y les reconocían que habían estado con Jesús.

Hechos 4:13

Muchas personas citan esta Escritura para afirmar el hecho de que Pedro recibió la unción por asociarse con Cristo. De lo que debes darte cuenta es que Pedro recibió a Jesús de la manera correcta. **Pedro era muy cercano a Cristo, y pudo haberse convertido en alguien tan conocido que ya no pudiera recibir de Él.** ¡Pudo haber dado la unción por hecho! Pudo haber percibido a Cristo como un simple hombre con debilidades humanas. ¿Crees que Cristo no tuvo debilidades humanas? La Biblia dice que Cristo tomó nuestras flaquezas (debilidades humanas).

El mismo tomo nuestras flaquezas y llevo nuestras enfermedades.

Mateo 8:17 Biblia de las Américas

Judas nunca habría traicionado a Cristo si no lo hubiera visto como un simple hombre. ¿Quién querría traicionar a Dios mismo?

Un día, el Señor le preguntó a Pedro qué pensaba la gente de Él. ¡Jesús no hizo esas preguntas solo para levantar Su ego! Él se preguntaba cómo estaba la gente recibiendo Su ministerio.

¿Quién dicen los hombres que es el Hijo del Hombre?

Mateo 16:13

Él continuó y le preguntó a Pedro: *«¿Qué piensas sobre mi? ¿Cómo me ves? ¿Qué opinas de mi?».* La forma en que Pedro percibía a Cristo era muy importante para su futuro ministerio. Por eso el Señor le preguntó a Pedro qué pensaba.

Y vosotros, ¿quién decís que soy yo?

Mateo 16:15

Pedro dio una de las respuestas más importantes de su vida entera. Él dijo: *«Te veo como el hombre de Dios; te veo como siervo de Dios».* Continuó: *«Te veo como alguien que Dios envió a mi vida. ¡Te veo como mi libertador y salvador!».*

Respondiendo Simón Pedro, dijo: Tú eres el Cristo, el Hijo del Dios viviente.

Mateo 16:16

¿No es interesante? ¡Después de relacionarte mucho tiempo con un hombre de Dios, aún puedes recibirlo como una vasija de Dios valiosa!

Esto es lo que no pudo hacer la gente de la ciudad natal de Jesús. Él fue a su propia ciudad y dio el mismo tipo de mensaje. Iba con la misma unción y los mismos dones espirituales. Sin embargo, la primera respuesta para Jesús fue cuestionar su origen.

¿No es éste EL CARPINTERO, HIJO DE MARÍA, hermano de Jacobo, de José, de Judas y de Simón? ¿No están también aquí con nosotros sus hermanas? Y se escandalizaban de él.

Marcos 6:3

Deberías escuchar a las personas hablar: ¿Ese hombre tiene estudios? ¿Viene de la familia correcta? ¿Tiene el acento correcto? Por cierto, ¿cuántos años tiene? ¿De qué tribu viene? ¿Es alto? ¿Qué apariencia tiene? ¿Qué tipo de personalidad tiene? ¿Es colérico o flemático?

¿Lo puede hacer una mujer?

¡Escuché que la persona que ministra es mujer! ¿Puede una mujer dar las buenas nuevas? ¡Claro que una mujer nunca podrá ser tan ungida como un hombre! ¡Por favor detente ahora mismo! Como dicen en Ghana: *«¡Para ese rugido ahora!»*

El ministro que he conocido con más unción es *una mujer* —Kathryn Kuhlman. Esa mujer era portadora de una unción sanadora muy fuerte (¡aunque no era hombre!).

Si el sexo de un ministro es tan importante para ti, puedes terminar excluyéndote a ti mismo de muchas de las bendiciones de Dios, ya que es posible que Dios deseé bendecirte a través de una mujer.

La diferencia esencial entre un hombre y una mujer se encuentra muy dentro de los genes. Las mujeres tienen genes «XX», y los hombres tienen genes «XY». Esta es una diferencia muy pequeña. *¿Por qué ese pequeño gen que llevas dentro debería impedirte recibir una impartición que cambie tu vida?*

Nunca permitas que ninguno de estos elementos humanos dictamine tu percepción de lo que es ser siervo de Dios, pues de esta manera, solo se convertirán en barreras para la unción.

De lo que debes darte cuenta es que somos como motas de polvo ante Dios. Para Él, no somos de importancia. Él no está impresionado por nuestras preferencias humanas, **y no tiene intención de impresionarnos.** Si eres muy exigente, Dios te va a evitar, y le dará tu unción a una persona humilde que pueda recibir.

Quién sabe si tal vez Dios algún día te use para ministrar a otros. ¿Por qué alguien tendría que recibir de un simple humano como tú, si no estás preparado para recibir de otros seres humanos?

¡Deja caer todas las barreras ahora mismo! ¡Ábrete al Espíritu de Dios! ¡Recibe la unción de Dios conforme Él te bendice a través de vasijas humanas especiales! ¡No permitas que cuestiones de edad, sexo, personalidad, color, tribu, origen familiar, educación e incluso rumores te alejen de la unción!

¡Tu vida nunca será igual cuando las barreras de la unción ya no estén! ¡Estas barreras están en tu mente! Son obstrucciones psicológicas para los dones de Dios. ¡Humíllate ahora mismo y recibe una impartición de la unción a través de una vasija humana! Después de todo, no tienes opción. ¡Así es como fluye la unción!

Libros de *Dag Heward-Mills*

1. Lealtad y Deslealtad
2. Lealtad y Deslealtad - Los que te acusan
3. Lealtad y Deslealtad - Los que son hijos peligrosos
4. Lealtad y Deslealtad - Los que son ignorantes
5. Lealtad y Deslealtad - Los que olvidan
6. Lealtad y Deslealtad - Los que te abandonan
7. Lealtad y Deslealtad - Los que fingen
8. El Crecimiento de la Iglesia
9. Plantación de Iglesias
10. La Mega Iglesia (2da edición)
11. Atrapa La Unción
12. Pasos hacia la Unción
13. Las Dulces Influencias de la Unción
14. Amplificar tu Ministerio Con Milagros y Manifestaciones Del Espíritu Santo
15. Transforma tu Ministerio Pastoral
16. El Arte de Pastorear
17. El Arte de Liderazgo (3era edición)
18. El Arte de Seguir
19. El Arte del Ministerio
20. El Arte de Escuchar (2da edición)
21. Perder, Sufrir, Sacrificar y Morir
22. Qué Significa Convertirse en Apacentador
23. Los Diez Errores Principales que los Pastores Cometen
24. Porque al que tiene, se le dará; y al que no tiene, aun lo que tiene se le quitará
25. Por qué los cristianos que no diezman empobrecen...y cómo prosperan los cristianos que diezman
26. El Poder de la Sangre
27. Anagkazo (2da edición)
28. Díles
29. Cómo Nacer de Nuevo y Evitar ir al Infierno
30. Muchos son llamados
31. Peligros Espirituales
32. Volver Atrás
33. ¡Decláralo! ¡Reclámalo! ¡Recíbelo!
34. Los demonios y cómo tratar con ellos
35. Cómo Orar
36. La fórmula de la humildad
37. Hija, tú puedes lograrlo
38. Entender el Tiempo Devocional
39. Ética Ministerial (2da edición)
40. Laikos

www.ingramcontent.com/pod-product-compliance
Lightning Source LLC
LaVergne TN
LVHW010544100826
845148LV00013B/2602
* 9 7 8 9 9 8 8 8 4 5 3 2 2 *